ÉROS

ÉTUDE SUR LA SYMBOLIQUE DU DÉSIR

PAR

M. LOUIS MÉNARD

DOCTEUR ÈS LETTRES

EXTRAIT DE LA GAZETTE DES BEAUX-ARTS

(Livraisons d'Octobre et Novembre 1872)

PARIS

IMPRIMERIE DE J. CLAYE

RUE SAINT-BENOÎT

—

1872

ÉROS

ÉTUDE SUR LA SYMBOLIQUE DU DÉSIR

Parmi les types mythologiques que l'antiquité a légués à l'art moderne, il n'en est aucun qui ait été plus souvent reproduit que celui de l'Amour. Les enfants ailés qui, dans les peintures galantes du dernier siècle, voltigent autour des amants sous des bosquets de roses, et ceux qui, dans la peinture religieuse, descendent des nuages avec des couronnes et des palmes, ou emportent les personnages divins dans les assomptions et les gloires, appartiennent, au point de vue de l'art, à un même type, et c'est seulement d'après le caractère des scènes où ils figurent qu'on nomme les uns des amours, les autres des anges ou des chérubins. Il peut être intéressant de chercher l'origine et de suivre les transformations de ce type qui, dans l'art antique aussi bien que dans l'art moderne, se présente avec une double signification, mystique et sensuelle.

Le type de l'Amour est purement grec. Il y a, il est vrai, dans les mythologies orientales, des figures ailées, et on sait que quelques-unes ont pénétré en Grèce, mais on sait aussi ce qu'elles y sont devenues. L'oiseau à tête humaine qui, dans les peintures égyptiennes, représente l'âme séparée du corps, a fourni aux Grecs l'allégorie des Sirènes, dont le caractère funèbre s'est mieux conservé dans les monuments figurés que dans la poésie. Les femmes-oiseaux qui emportent des enfants dans les bas-reliefs lyciens du British Museum peuvent être rapprochées des Harpyies de la mythologie homérique. Les personnages ailés de l'Assyrie et de la Perse ont pu servir de modèles aux Gryphons des Grecs comme aux Chérubins des Juifs, et la ressemblance même de ces deux mots indique une même origine. Les figures ailées sont très-communes dans les monuments de l'art étrusque ; les plus caractérisées paraissent répondre aux Kères et aux Érinnyes. Il n'y a rien dans tout cela qui ait pu fournir un seul trait à la physionomie artistique de l'Amour.

Dans les monuments de l'art grec, les ailes peuvent être considérées comme l'attribut spécial de deux divinités, l'Amour et la Victoire, quoiqu'on les trouve aussi dans les représentations assez rares de quelques types secondaires, comme les Vents, les Euménides, etc. Parmi les grands Dieux, Hermès est souvent représenté avec des ailes, mais, au lieu de les porter aux épaules, il les porte à la tête et aux pieds ; plus souvent encore ces ailes sont attachées à son chapeau et à ses chaussures ; elles expriment la rapidité du crépuscule, qui est la manifestation visible d'Hermès. En pénétrant plus profondément dans la conception théologique de ce Dieu, je crois y trouver la véritable origine du symbole complexe de l'amour, le lien qui le rattache à l'idée de la mort et l'explication du type mystérieux de l'Hermaphrodite.

J'ai démontré le premier, par l'étude de l'*Hymne homérique à Hermès*, qu'il est, dans sa révélation primitive, le crépuscule du matin et du soir [1]. Mais ce caractère physique n'est que l'expression la plus simple du principe général de transition et de transaction dont Hermès est le symbole, et dont les aspects multiples se rattachent les uns aux autres par une association d'idées très-familière à la théologie hellénique. Hermès répond à la fois au Terminus et au Mercurius des Latins ; il est l'intermédiaire universel entre le ciel et la terre, entre le jour et la nuit, entre la vie et la mort, entre les mâles et les femelles, le grand interprète, la Parole divine, le Dieu des sacrifices, des traités, des échanges, des routes, des places publiques, des gymnases.

Ce caractère de lien universel, dans la nature et dans la société, permet de rapprocher d'Hermès le Dieu que les Grecs appellent *Éros* et les Latins *Cupido*, mots que nous traduisons par l'Amour, et qui seraient peut-être mieux traduits par le Désir. L'assimilation d'Hermès et d'Éros n'est indiquée, du moins à ma connaissance, que dans un passage des livres hermétiques [2], mais leurs affinités théologiques sont exprimées sous une autre forme par plusieurs généalogies qui font d'Éros un fils d'Hermès. Les théogonies servent à traduire les relations des lois naturelles ; ainsi on donne ordinairement Aphrodite pour mère à Éros, parce que la beauté enfante le désir. Aphrodite représente le Féminin éternel dans sa plus haute généralité : comme Hermès, elle préside à l'union des

---

1. *De sacra poesi Græcorum*, cap. III, p. 36.
2. Hermès Trismégiste, livre II, page 114.

sexes. De la fusion de ces deux principes générateurs résulte Hermaphrodite, qui est, à mon avis, une des formes d'Éros, le désir accompli.

Homère ne personnifie pas l'Amour ; il le nomme deux ou trois fois comme un sentiment humain, mais non comme un Dieu. Au début de la Théogonie d'Hésiode, Éros est placé, parmi les principes du monde, après le Vide et la Terre : « Il y eut d'abord le Vide et ensuite la Terre à la poitrine large, siége toujours sûr des Immortels qui occupent les crêtes de l'Olympe neigeux et les Tartares ténébreux, au fond du sol aux larges routes, puis le Désir, qui l'emporte sur tous les immortels, le Désir énervant, qui, dans le sein de tous les Dieux et de tous les hommes, dompte la pensée et la volonté réfléchie. » Au reste, il ne reparaît plus dans la suite du poëme, si ce n'est quand, après la naissance d'Aphrodite, Éros et Himéros, c'est-à-dire le Désir et le Charme, s'attachent à ses pas. Éros était la divinité locale de Thespies, ville de la Béotie près de laquelle habitait Hésiode, ce qui explique pourquoi il lui donne une place importante au commencement de son poëme. D'après Pausanias [1], le plus ancien simulacre d'Éros, chez les Thespiens, était une pierre brute. Avant la naissance de l'art, on représentait généralement les Dieux de cette manière, principalement Hermès, dont le nom est devenu un terme générique pour désigner ces images primitives.

Les bornes des champs, les poteaux indicateurs du chemin dans les carrefours étaient naturellement consacrés à Hermès, Dieu des routes et des limites. La sculpture naquit par le passage du symbole à l'image, lorsqu'on tailla le haut du poteau en forme de boule ressemblant grossièrement à une tête. En outre, comme Hermès était le Dieu du gain et de la fécondité, celui qui multipliait les fruits dans les vergers et les troupeaux dans les étables, on rappelait ce caractère, si précieux pour les bergers et les cultivateurs, par un attribut dont la crudité ne choquait personne à ces époques naïves et qui pouvait s'appliquer également à Dionysos, générateur des fruits, ou à d'autres divinités champêtres primitivement étrangères à la religion grecque, comme le Phrygien Prièpos, ou le Vertumnus des peuples de l'Italie.

La puissance créatrice étant représentée, dans les religions orientales, par des divinités androgynes, on peut supposer que l'Hermaphrodite est un emprunt fait par les Grecs à quelque mythologie asiatique. Les auteurs anciens n'en parlent pas ; la petite anecdote de Salmacis, racontée par Ovide, ne suffit pas pour expliquer la répétition fréquente de ce type singulier dans les monuments de l'art, et presque toujours avec

---

[1]. Pausanias, IX, 27.

une intention symbolique évidente. Un grand nombre appartiennent à la classe des hermès, c'est-à-dire que le bas du corps est enveloppé dans une gaîne. Tel est l'Hermaphrodite du musée de Stockholm [1], qui porte sur la tête une corbeille chargée de fruits. Un autre, qui fait partie d'une collection particulière en Angleterre [2], a les ailes d'Éros et la nébride de Dionysos. Un troisième [3], dans lequel les attributs des deux sexes sont figurés d'une manière très-apparente, porte sur son manteau une inscription où on lit en latin le nom de Jupiter Terminal; il y a là une confusion de symboles qui n'appartient qu'aux monuments de la décadence.

Cette confusion, qui tendait à remplacer le polythéisme primitif par

LES TROIS CABIRES DE SAMOTHRACE.

une religion unitaire, se retrouve dans un monument très-étrange du musée du Vatican [4]. C'est un hermès à trois faces; les deux premières portent l'attribut ordinaire des Dieux générateurs et sont surmontées, l'une de la tête imberbe d'Hermès, l'autre de la tête barbue et diadémée de Dionysos. La troisième face représente en bas-relief une figure de femme complétement drapée, qui est probablement Korè. Sur les trois faces, à la base, sont sculptées trois figurines : Apollon, avec sa lyre, répond à Dionysos; Éros, avec son flambeau, à Hermès, et Aphrodite marine à Korè. M. Guigniaut voit dans ce monument une représentation

---

1. Clarac, *Musée de sculpture*, pl. DCLXVIII, n° 1554 A.
2. Id., ibid., pl. DCXXXIX, n° 148 B.
3. Wieseler, *Denkmaler der alten kunst*, II, pl. LVI, n° 710.
4. Guigniaut, *Nouvelle Galerie mythologique*, pl. CXXXI, fig. 238.

symbolique des trois Cabires qui, d'après Mnaséas, sont fils d'Axiéros et adorés à Samothrace sous les noms mystiques d'Axiokersos, Axiokersa et Kasmilos. Les figurines correspondantes seraient les divinités cabiriques que Pline désigne sous les noms de Phaéton, Pothos et Vénus, et qu'il dit avoir été sculptées par Scopas. Pausanias, qui vit ces statues dans le temple d'Aphroditè Praxis, à Mégare[1], leur donne trois noms masculins : Éros, Himéros et Pothos; malheureusement il ne les décrit pas; il se borne à dire que le caractère de ces statues répond à celui des personnages qu'elles représentent. Tout ce qu'on peut en conclure, c'est que Scopas avait habilement rendu trois nuances d'une même idée.

On ne connaît pas de représentation archaïque d'Éros. Une épigramme de Simmias de Rhode donnerait à penser qu'on l'a quelquefois représenté comme un vieillard ailé. Dans cette petite pièce, dont les vers sont inégaux et disposés en forme d'ailes, le Dieu se décrit lui-même ainsi qu'il suit :

Tu vois en moi le prince de la terre, le créateur du ciel et de la mer.
Ne t'étonne pas si, étant si grand, je porte une barbe épaisse.
Je suis né quand il a plu à la Nécessité.
A sa triste volonté ont été soumis
Tous les êtres qui rampent
Dans l'éther

Et le vide.

Je ne suis pas fils de Kypris;
Je m'appelle le Désir aux ailes rapides.
Je n'emploie pas la violence, mais la douce persuasion.
Tout m'obéit, la terre et l'abîme de la mer et le ciel.
J'en ai conquis le sceptre primordial, et je donne des lois aux Dieux.

Ce caractère démiurgique du Désir n'est que la forme mythologique de l'idée des causes finales; on le voit déjà indiqué dans la Théogonie

---

[1]. Pausanias, I, 43.

d'Hésiode et on le retrouve dans les fragments orphiques [1]. Un de ces fragments place le Désir à côté de Mètis, le principe moteur, la pensée divine; un autre lui donne pour père Kronos, symbole des révolutions périodiques et du temps éternel. Dans le chœur des Oiseaux d'Aristophane [2], l'origine des choses est représentée par un œuf né de la Nuit aux ailes noires, et d'où sort le Désir. On peut voir une allusion à cette doctrine dans une pierre gravée [3] où est figuré l'enfant Éros sortant d'un œuf. Mais on ne peut affirmer que cette petite composition ait un sens cosmogonique; le Désir ayant des ailes, il était tout simple de représenter sa naissance comme celle d'un oiseau qui crève son œuf, et rien ne prouve qu'il s'agisse de l'œuf du monde. Sur un autre camée [4], on voit l'Amour enfant dans une coquille; on ne peut guère supposer ici autre chose qu'une fantaisie artistique.

Il est difficile de savoir sous quelle forme l'école de Phidias avait conçu le type d'Éros. L'admirable groupe de l'adolescent nu, accoudé sur les genoux d'une femme drapée, dans la frise du Parthénon [5], est généralement regardé comme une représentation d'Éros et d'Aphroditè Pandèmos, c'est-à-dire protectrice de tous les dèmes de l'Attique. Mais cette explication, quoiqu'elle ait pour elle l'autorité d'Ottfried Muller, est contestée comme toutes celles qui ont été proposées pour les Dieux du Parthénon. M. Beulé [6], remarquant que l'enfant n'a pas d'ailes, propose d'y voir Erechtheus près des filles de Kekrops. Mais on sait que la tradition mythologique attribue à Erechtheus, comme fils de la Terre, un corps terminé en queue de serpent. Ce groupe pourrait bien représenter le jeune Triptolème auprès des grandes Déesses d'Éleusis, sujet très-populaire chez les Athéniens.

Éros paraît avoir été un des types de prédilection de la seconde école attique. J'ai mentionné plus haut les trois statues des Démons de l'amour, par Scopas. Praxitèle fit aussi plusieurs statues d'Éros, qui passaient pour des chefs-d'œuvre. Les plus fameuses étaient celles de Parion, sur la Propontide, et celle de Thespies. Toutes deux étaient de marbre et représentaient le Dieu sous les formes de l'adolescence. C'est probablement à l'Éros de Thespies que se rapporte l'anecdote si connue de la ruse de Phrynè. Elle avait demandé à Praxitèle une de ses œuvres, et il ne

1. *Orphica*, édit. Hermann, fragm. VI et XXII.
2. Aristophane, *Aves*, v. 694.
3. Wieseler, II, pl. L, n° 628.
4. Id., II, pl. LI, n° 642.
5. Id., I, pl. XXIV, n° 115.
6. Beulé, *Acropole d'Athènes*.

refusait pas, mais il lui laissait l'embarras du choix. Elle lui fit dire un jour que le feu était à son atelier, et comme il s'écria aussitôt : « Qu'on sauve au moins mon Éros et mon Satyre », elle le rassura et lui dit qu'elle savait maintenant ce qu'elle devait choisir [1]. Elle prit la statue d'Éros et la consacra à ce Dieu dans la ville où il était particulièrement adoré. Cicéron dit qu'on allait à Thespies uniquement pour voir cette statue. Après la conquête de la Grèce, Mummius n'osa pas l'enlever. Caligula, qu'un sacrilége n'effrayait pas, la fit transporter à Rome. Claude la rendit aux Thespiens, mais Néron la fit reprendre et elle périt dans un incendie. Pausanias [2] attribue la mort tragique de Caligula et de Néron à la vengeance d'Éros.

On regarde généralement comme imité d'un des chefs-d'œuvre de Praxitèle le magnifique torse du Vatican [3], dont la tête penchée, ornée de longs cheveux, semble exprimer une sorte de rêverie mélancolique. Cette expression étrange, où se devine déjà le caractère funèbre d'Éros dans les dernières périodes de l'art grec, fait songer au mysticisme sensuel du *Banquet de Platon*. Ce livre, austèrement licencieux, comme l'appelle M. Michelet, est un dialogue sur la nature d'Éros : il est le plus ancien de tous les Dieux, car le Désir a créé le monde. — Non, il est le plus jeune, et la lutte des forces élémentaires, au début des cosmogonies, a dû précéder sa naissance. — Mais est-ce bien un Dieu ? Puisqu'il est le Désir, il lui manque quelque chose : les Dieux n'ont rien à désirer : c'est un Démon, un médiateur entre le ciel et la terre. Nous sommes ainsi ramenés au prototype d'Éros, à Hermès, l'intermédiaire universel.

1. Pausanias, I, 20 et IX, n° 28.
2. Id., ibid.
3. Bouillon, *Musée des Antiques*, I, pl. xv.

L'Éros du musée de Naples [1], évidemment copié d'après le même modèle que le torse du Vatican, est plus complet comme ensemble. Il y a au British Museum [2] une statue semblable, provenant de la collection de lord Elgin, mais la tête manque et les épaules n'offrent pas les traces d'ailes qu'on remarque dans les deux Éros de Rome et de Naples; l'Éros de Thespies avait des ailes dorées. Rien n'est plus naturel que de représenter le Désir avec des ailes, pour s'élancer vers le but auquel il aspire ; c'est pour cela que cet attribut caractérise Éros et non pas, comme le disent les modernes, « à cause de l'humeur volage de ce petit Dieu badin » ; de telles mièvreries sont étrangères à l'esprit de l'antiquité. D'autres métaphores qui se présentent spontanément à l'esprit, le feu du désir, les flèches du désir, ont fourni au type d'Éros ses deux autres attributs les plus ordinaires : l'arc et le flambeau.

La charmante statue du Capitole, intitulée l'Amour tendant son arc [3], dont il existe plusieurs autres exemplaires, notamment au Louvre, est sans doute la répétition de quelque original célèbre, peut-être l'Éros de bronze de Lysippe, qui était à Thespies à côté de celui de Praxitèle. Ici, les formes du Dieu sont celles de l'adolescence; l'art des époques postérieures le représente le plus souvent comme un enfant; c'est en effet presque aussitôt après sa naissance que le désir atteint toute sa vivacité. Ce type, tout à fait systématique, où les formes pleines et grasses de la première enfance s'allient aux proportions et aux allures d'un adolescent, est un exemple de la liberté avec laquelle l'art grec savait grouper, en les corrigeant et en les transformant, les éléments que lui fournissait la nature. Ce type idéal, créé par l'antiquité, a été adopté par Raphaël et par tous les maîtres de la Renaissance, non-seulement dans les allégories, mais dans les scènes réelles où devaient figurer des enfants.

Dans les peintures de vases, Éros conserve les formes maigres d'un adolescent; mais assez souvent ses longs cheveux sont relevés en chignon derrière la tête comme ceux des femmes, et il porte comme elles des bracelets aux bras et aux chevilles. C'est ainsi qu'il est représenté, devant un char traîné par un gryphon et une panthère et conduit par un Hermaphrodite, sur un vase peint [4], dont le sujet n'a pas encore été expliqué. Ne serait-ce pas une allégorie de l'Hymen conduit par l'Amour? La figure androgyne et ailée que l'on voit souvent sur des vases du beau style

---

1. Museo Borbonico, IV, n° 25.
2. Wieseler, I, pl. xxxv, n° 445.
3. Bouillon, I, pl. xix.
4. Wieseler, II, pl. lvi, n° 748.

et qu'on nomme improprement le Génie des mystères[1] me paraît être une forme d'Éros, l'amour dans le mariage, et c'est pourquoi il plane au-dessus du char qui porte Hadès et Korè ou Dionysos et Ariadnè. On peut interpréter de la même manière un petit groupe en terre cuite[2] représentant un Hermaphrodite enfant à côté d'Aphroditè. Dans les

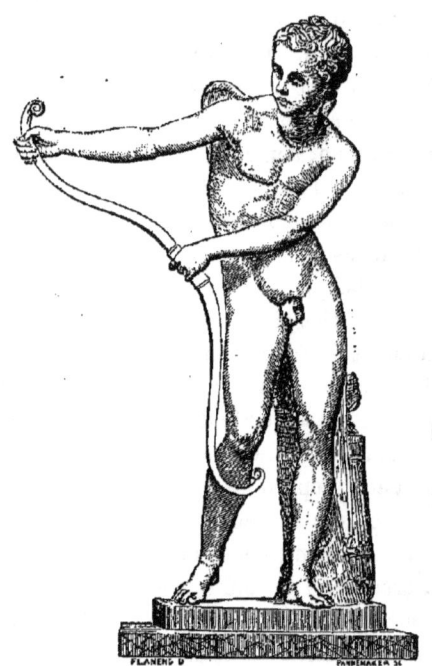

ÉROS TENDANT SON ARC.

hymnes orphiques[3], Éros est appelé διφυής, c'est-à-dire à la double nature, ou qui a les deux sexes.

Les rapports de l'Amour avec l'Hymen s'offrent si naturellement à l'esprit qu'on ne doit pas s'étonner que les types d'Éros et d'Hermaphrodite aient pu se rapprocher au point de se confondre. Le plus souvent, néanmoins, ces deux types restent distincts. Hermaphrodite repré-

1. Guigniaut, pl. CXXVI, n° 457, et CXLV bis, n° 4,016.
2. Wieseler, II, pl. LVI, n° 716.
3. *Orphica*, hymn. LVIII, v. 4.

sente proprement l'union des sexes, c'est-à-dire le mariage. Ce caractère se montre avec évidence dans un bas-relief du palais Colonna [1] qui représente un Hermaphrodite debout entre un Hermès et une statuette d'Artémis : Hermès est le Dieu générateur; Artémis, comme Déesse lunaire, préside à la délivrance des femmes et à l'éducation des enfants. Dans les bras d'Hermaphrodite est un enfant ailé qui tend les mains vers

ALLÉGORIE DU MARIAGE.

le Dieu de la fécondité. Au second plan, on voit un petit temple circulaire devant lequel se croisent deux flambeaux.

Par suite des progrès de l'art, le type d'Hermaphrodite avait dû se transformer comme celui d'Hermès, dont il n'est qu'une variante. Pendant la grande période républicaine, le rôle physique des Dieux, sans disparaître jamais entièrement, semble s'effacer derrière leurs fonctions politiques. Hermès fut regardé partout comme patron des gymnases et Dieu de l'éloquence, et l'attribut qui l'avait caractérisé à l'origine fut remplacé par la bourse renfermant les graines, source de la richesse des

1. Wieseler, II, pl. LVI, n° 747.

champs, ou la monnaie, instrument des échanges, et par le caducée, la verge où s'enlacent deux serpents, emblème de la paix qui unit les hommes. C'est toujours la même idée, mais sous une forme plus large et plus haute. De même l'Hermaphrodite, symbole de l'union des sexes dans la nature, dut représenter, sous une forme plastique, cette même fonction élevée par le mariage à la dignité d'une loi sociale.

L'expression la plus complète de ce type étrange, où l'art grec a su fondre les caractères de la beauté de l'homme et de celle de la femme, est l'Hermaphrodite debout[1], que le musée du Louvre a refusé d'acheter

HERMAPHRODITE.

pour 2,400 francs, et qui fait aujourd'hui la gloire du musée de Berlin. Je ne crois pas qu'on puisse voir autre chose qu'une personnification de l'Hymen dans cette belle statue, dont la tête est couverte d'une espèce de voile, emblème du mariage, et dont la main tenait probablement un flambeau. L'Hermaphrodite Borghèse, du Louvre [2], est représenté endormi, ce qui exprime bien la paix du désir accompli. Le matelas sur lequel il est couché est une restauration maladroite du Bernin. Il existe plusieurs répétitions de cette statue, ce qui fait croire qu'elle est imitée d'un original célèbre, peut-être de l'Hermaphrodite de Polyklès, mentionné par Pline.

L'Hermaphrodite figure souvent dans des groupes dont il n'est pas

1. Caylus, *Recueil d'antiquités*, III, pl. xxviii, xxix, xxx.
2. Bouillon, I, pl. lxiii.

toujours facile de déterminer la signification [1]. Tantôt il repousse les attaques d'un Pan, tantôt celles d'un Satyre : c'est peut-être la victoire de l'amour conjugal sur les passions adultères. Une pierre gravée le représente écoutant dans une attitude tranquille des enfants ailés qui jouent de la lyre et du chalumeau : c'est peut-être une allusion à l'harmonie du mariage. Sur une autre on le voit endormi au milieu d'un groupe d'amours endormis comme lui : c'est le sommeil des désirs. La toilette d'Hermaphrodite, sujet représenté dans une peinture de Pompéi, est une décoration appropriée à une chambre nuptiale. Cependant on peut également supposer que ces compositions, et d'autres du même genre, sont de simples caprices d'imagination.

C'est avec la même réserve qu'on peut essayer d'expliquer les représentations d'enfants ailés, si nombreuses dans les peintures murales et sur les camées. Le nom de Génies, qu'on leur donne vulgairement, est tout à fait impropre, le Génie étant une divinité italique. Le nom de Démons, qui appartient à la mythologie grecque, serait plus convenable pour désigner ces petites figures qui personnifient les mille désirs de l'âme humaine, l'amour du jeu, l'amour de la chasse ou de la pêche, l'amour de la table, l'amour des combats, etc. [2] La fantaisie des artistes s'exerçait librement sur ce type d'Éros, à peu près étranger aux traditions primitives. La toute-puissance du Désir devint un thème inépuisable d'allégories ingénieuses, rendues plus claires et plus saisissantes par le contraste entre la faiblesse enfantine et les occupations les plus hardies. Tantôt l'enfant Éros monte sur le dos des lions, tantôt il joue avec les attributs des Dieux [3], car le Désir ne recule pas même devant l'impossible. Sur le bouclier d'Alkibiade, il était représenté la foudre de Zeus à la main. Une jolie statue [4], dont il existe de nombreuses variantes, nous le montre armé de la massue d'Héraklès et vêtu de la dépouille du lion de Némée.

Toutes ces images n'avaient rien qui pût offenser la piété des anciens, moins timide que celle des modernes, et plus habituée à la langue des symboles. Quand Homère et les autres poëtes parlaient du Sommeil, dompteur de tous les Dieux, on pensait à l'intermittence des forces naturelles, dont l'action semble interrompue pendant la nuit et pendant l'hiver. De même, quand les artistes montraient les Dieux soumis à la puissance du Désir, on se rappelait que toute volonté, même l'énergie

1. Wieseler, II, pl. XL, n° 474, pl. XLIII, n° 547, pl. LVI, n°s 713 et 724.
2. Pistolesi, *Il Vaticano*, IV, pl. XXXIV, XLI, XLVI. Bouillon, III, bas-reliefs, pl. XIV.
3. Wieseler, II, pl. LI, n° 628. Museo capitolino, tav. 185.
4. Bouillon, III, statues, pl. IX.

créatrice des mondes, suppose un but à atteindre, et on ne voyait là qu'une expression poétique de la théorie des causes finales. L'esprit grec, à la fois mythologique et spéculatif, analysait curieusement l'idée abstraite du Désir, et les produits de cette analyse prenaient spontanément des formes plastiques. Tantôt Éros se dédoublait et devenait Antéros, le désir réciproque, le vengeur des amours méconnus. Tantôt à côté d'Éros se groupaient Himéros et Pothos, celui qui inspire le désir et celui qui l'éprouve.

On croit avoir retrouvé des représentations d'Éros et d'Antéros dans quelques monuments peu importants au point de vue de l'art, notamment dans un petit bas-relief votif [1] où on les voit sous la forme de deux enfants ailés se disputant une palme, sujet que Pausanias vit représenté en broderie sur une ceinture à l'usage des athlètes, dans le gymnase d'Élis [2]. Nous avons parlé plus haut des statues de Scopas représentant Éros, Himéros et Pothos. Les noms de Pothos et d'Himéros sont quelquefois inscrits sur les vases peints, au-dessus de figures ailées identiques à celles d'Éros. On croit reconnaître la réunion de ces trois Démons dans une peinture de vase [3] représentant trois jeunes gens ailés dont le premier tient une bandelette, le second une branche d'arbre et le troisième un lièvre. On a même voulu les retrouver dans la célèbre peinture d'Herculanum intitulée la *Marchande d'amours* [4], parce que les enfants ailés qui figurent dans cette charmante composition sont au nombre de trois; mais il y en a cinq dans une autre peinture [5] représentant un sujet analogue.

Il n'y a pas lieu de chercher à préciser le sens de toutes ces personnifications du désir que les artistes multipliaient à volonté pour l'agrément de leurs compositions. Toutefois, quand on voit figurer si souvent sur les sarcophages [6] des troupes d'enfants ailés se disputant la victoire dans des luttes gymniques ou dans des courses de chars, on peut supposer l'intention de représenter la vie comme un combat perpétuel des désirs de l'âme qui aspire vers un bonheur inconnu. De même dans les scènes encore plus nombreuses où Éros figure au milieu du thiase de Dionysos, couronné de lierre ou de pampres, travaillant à la vendange, montant sur des léopards ou domptant des Centaures, comme dans la

---

1. Museo Borbonico, XIV, n° 34.
2. Pausanias, VI, n° 23.
3. Wieseler, II, pl. LII, n° 667.
4. Guigniaut, pl. CIII, n° 404.
5. Wieseler, II, pl. LII, n° 660.
6. Bouillon, III, bas-reliefs, pl. XIII. Pistolesi, IV, pl. XLIII, et VI, pl. XII et XIII.

magnifique statue du Louvre intitulée *Centaure Borghèse* [1], on peut croire à un rapprochement mystique entre l'extase de l'ivresse et l'ivresse du désir, et la fréquente répétition de scènes de ce genre sur les sarcophages exprime très-naturellement le désir d'une vie future que les initiés concevaient sous la riante image d'une ivresse éternelle.

Le caractère mystique d'Éros dans la dernière période du Polythéisme

ÉROS ET PSYCHÉ

se traduit non-seulement par son association avec Dionysos, Dieu de la mort et de la résurrection, mais par les compositions très-variées où il est mis en rapport avec Psychè, allégorie de l'âme humaine. Le mot Psychè signifie à la fois âme et papillon, et ce double sens indique déjà le rapprochement qui s'offrait à l'esprit des Grecs entre l'insecte ailé sortant de sa chrysalide et la renaissance de l'âme au delà du tombeau. La fable de Psychè, ses épreuves douloureuses, conséquences d'une funeste

---

1. Bouillon, I, pl. LXIV, III. bas-reliefs, pl. V et XI. Villa Albani VII, LXXXIX, et XC. Pistolesi, V, pl. LXXVI.

curiosité, sa descente aux enfers et son mariage célébré dans l'Olympe sont racontés sous une forme gracieuse et légère dans le roman d'Apulée, probablement d'après Aristophon, mais la pensée contenue dans cette légende remonte beaucoup plus loin. « Cette fable, dit Ottfried Muller[1], repose bien évidemment sur l'idée orphique qui voit dans le corps la prison de l'âme ; suivant les croyances orphiques en effet, l'âme passe sa vie sur la terre dans le souvenir d'une réunion pleine d'un bonheur inef-

PSYCHÉ OU NIOBIDE.

fable avec Éros dans une existence antérieure, mais, repoussée par lui, elle brûle d'une flamme inutile, en attendant que la mort les réunisse une seconde fois. »

Le symbole de Psyché a fourni de nombreux motifs de composition à l'art. Parmi les monuments qui nous restent, le plus important est le charmant groupe du musée capitolin[2] où Éros et Psyché, debout tous les deux, se tiennent étroitement embrassés. Il existe deux autres groupes à peu près semblables, l'un à Florence, l'autre à Dresde, où les deux

1. *Manuel d'Archéologie*, § 397, note 9.
2. Bouillon, I, n° 32.

figures ont des ailes, qui manquent dans le groupe du Capitole, supérieur aux deux autres par l'exécution. Les ailes de papillon sont l'attribut caractéristique de Psychè; c'est pour cela qu'on a donné son nom au beau torse de Capoue, au musée de Naples, qui porte des traces d'ailes aux épaules. Une des Niobides de Florence a aussi des ailes; l'attitude de cette statue, dont il y a une répétition au Louvre[1], également avec des ailes, peut aussi bien convenir à l'âme, cherchant à se

L'UNION DE L'AME ET DU DÉSIR.
(Camée de Tryphon.)

dérober aux flèches du désir, et à une fille de Niobé succombant sous les flèches d'Apollon et d'Artémis, qui sont l'emblème des morts subites. Un groupe du Louvre[2] nous montre Psychè dans une posture analogue, mais encore plus suppliante, auprès d'Éros dont elle paraît implorer la pitié. La même scène figure au revers d'une monnaie impériale de Nicomédie[3].

L'allégorie d'Éros et de Psychè, si souvent reproduite sur les bas-reliefs et les camées, représente non-seulement les joies et les peines de la pas-

1. Bouillon, III, statues, pl. x.
2. Ibid., pl. ix.
3. Wieseler, I, pl. LXXII, n° 404.

sion, mais une idée plus élevée, qui se fait jour à travers la légèreté de la forme, l'épuration de l'âme par la douleur et la mort, puis sa résurrection et son union mystique avec l'amour divin. Toutefois, ce mysticisme funèbre s'est surtout développé dans la dernière période de l'Hellénisme, et c'est souvent d'après la date d'un monument qu'on peut décider avec quelque vraisemblance s'il contient une allusion aux destinées ultérieures de l'âme ou une simple allégorie de la vie terrestre. L'union d'Éros et de Psyché, représentée sur un sarcophage du musée britannique[1], peut bien signifier la réunion de l'âme bienheureuse avec

L'AME ESCLAVE DU DÉSIR.

l'idéal poursuivi en vain pendant la vie ; mais le même sujet, dans des œuvres plus anciennes, comme le célèbre camée de Tryphon[2], contemporain d'Alexandre, paraît se rapporter plutôt à la naissance qu'à la mort. C'est une scène de mariage dont tous les personnages sont des enfants ailés. Les deux époux voilés et tenant des colombes, emblème d'amour conjugal, sont conduits avec une chaîne par Éros, ou par l'Hymen, qui tient un flambeau et remplit les fonctions de paranymphe. Deux autres amours, peut-être Himéros et Pothos, les accompagnent, l'un préparant le lit nuptial, l'autre tenant sur la tête des époux une corbeille de fruits, emblème de fécondité. C'est en effet par son union avec le Désir que l'âme entre dans la naissance, et descend des hauteurs de la voie lactée dans la sphère troublée de la vie.

1. Guigniaut, pl. cii, n° 409.
2. Ibid., pl. xcviii, n° 408.

Alors commence la série des épreuves douloureuses de Psychè. L'âme est devenue l'esclave du Désir; des pierres gravées[1] nous la montrent tantôt enchaînée dans ses liens, ou attelée à son char, tantôt brûlée par son flambeau et foulée sous les pieds. Mais elle peut à son tour dompter le Désir, et alors elle lui emprunte ses ailes, pour s'élever victorieuse vers le monde supérieur. D'après un fragment d'Aristophon, cité par Athénée, Éros ayant été banni du ciel, ses ailes furent données à la Victoire; un camée du musée de Florence[2], reproduisant cette allégorie, nous montre Hermès conducteur des âmes attachant au dos d'une jeune fille les ailes d'Éros enchaîné. Un bas-relief[3] provenant sans doute

L'ÂME VICTORIEUSE DU DÉSIR.

d'un sarcophage représente avec plus de développement le triomphe des Ames sur les Désirs: l'un pleure sa défaite, l'autre s'accoude tristement sur sa lyre, un troisième est enchaîné par une Psychè vêtue de la robe courte de la Victoire, tandis qu'une autre Psychè brise l'arc et le carquois d'Éros et éteint son flambeau. C'est par une allégorie du même genre que Psychè est quelquefois identifiée avec Némésis, symbole de la loi morale et de la domination de l'âme sur elle-même.

L'âme remontant au ciel avec les ailes du désir est une image familière à Platon. La philosophie devait exercer sur l'art d'une époque mystique autant d'influence que la poésie en avait eu sur les monuments de la mythologie héroïque; ou plutôt les idées qui couraient dans l'air à

---

1. Wieseler, II, pl. LIV, n°s 685, 690, 691, 692.
2. Guigniaut, CV bis, n° 409 d.
3. Wieseler, II, pl. LV, n° 694.

chaque époque se traduisaient spontanément dans l'art comme dans la littérature. Les emprunts ne deviennent des plagiats que lorsqu'ils portent sur la forme et le style, qualités essentiellement individuelles qu'il n'est pas permis d'usurper sous prétexte *qu'on ne saurait mieux dire*. Ce qui semble particulier à Platon, quant à la doctrine, c'est la distinction des deux Éros, le désir céleste qui attire l'âme vers les types éternels, et le désir terrestre qui l'enchaîne aux apparences changeantes. Quoiqu'on puisse trouver des allusions à cette doctrine sur quelques bas-reliefs, le plus souvent, comme le remarque Ottfried Muller, il n'est pas nécessaire d'y avoir recours pour expliquer le double rôle d'Éros, tantôt bourreau, tantôt consolateur, dans les monuments de l'art. Les douleurs de l'âme sont des épreuves qui la purifient. Éros torture Psyché pour l'élever au rang des Dieux et pleure lui-même du mal qu'il fait souffrir.

L'AME BRULÉE PAR LE DÉSIR.

Sur un cratère de marbre du palais Chigi [1], Éros est représenté tenant un papillon au-dessus d'un flambeau, en même temps qu'il détourne la tête en pleurant. A droite et à gauche sont deux figures debout, qu'on interprète par Elpis et Némésis, c'est-à-dire l'Espérance, qui nourrit les désirs et la Continence qui les modère. Sur un bas-relief du Vatican [2], on voit deux Éros tenant un papillon chacun par une aile, au-dessus d'un autel où brûlent leurs flambeaux. Tous deux pleurent en détournant les yeux du sacrifice qu'ils accomplissent; c'était l'attitude solennelle de ceux qui allumaient le bûcher des funérailles : *aversi tenuere facem*, dit Virgile. Une scène analogue est figurée sur un beau

---

[1]. Wieseler, II, pl. LIII, n° 670.
[2]. Museo Pio Clementino, IV, n° 25.

vase de marbre du prince Belvedere, à Naples [1]. Le sujet principal est un sacrifice funèbre offert par deux époux : derrière eux est un adolescent nu et ailé s'appuyant sur un flambeau renversé, devant un autel sur lequel est un cygne, emblème d'apothéose. De l'autre côté, deux figures semblables s'appuient de même sur leurs flambeaux renversés, et, de l'autre main, tiennent entre eux un papillon en détournant la tête. Une urne cinéraire, placée à l'extrémité du bas-relief, en complète la signification funèbre.

Cet adolescent ailé, tenant un flambeau renversé, a été souvent représenté sur les sarcophages. Lessing et après lui Raoul-Rochette y ont vu la personnification du Trépas, Θάνατος. Selon Herder, ce serait plutôt le Sommeil, mis à la place de son frère jumeau, par un euphémisme habituel aux anciens, qui évitaient de prononcer même le nom de la mort et qui, dans les monuments de l'art, en rappelaient l'idée par des allusions diverses. C'est ainsi que la vie et la mort peuvent être représentées par les Dioscures, qui sont l'étoile du matin et l'étoile du soir. Le célèbre groupe de saint Ildefonse, connu sous le nom des Deux Frères [2], peut être pris aussi bien pour la représentation des deux fils de la Nuit que pour celle des deux fils de Lèda, qui meurent alternativement pour se partager l'immortalité. Mais de tous les euphémismes dont on peut envelopper l'idée de la mort, le plus clair et le plus simple est l'extinction des flammes du Désir. Le sommeil éternel est donc parfaitement rendu par l'image d'Éros éteignant son flambeau.

Considéré sous cet aspect, Éros se trouve naturellement associé aux Dieux de la mort. Tantôt les jambes croisées et la tête inclinée, il se confond absolument avec le Sommeil, comme dans le monument qui porte pour inscription : *Somno Orestilia filia* ; tantôt éteignant son flambeau d'une main et portant de l'autre une urne cinéraire, il marche en tournant la tête vers un papillon placé derrière lui [3]. Sur une pierre sépulcrale [4] on voit deux adolescents ailés, les jambes croisées, fermant la porte d'un tombeau. Un sarcophage nous montre d'un côté Éros brûlant un papillon auprès d'un autel, de l'autre Éros endormi, exactement pareil à la figure du Sommeil dans le monument d'Orestilia, avec les jambes croisées et le flambeau renversé, pendant que son arc et son carquois sont suspendus derrière lui [5]. Quelquefois il est monté sur un dauphin

---

1. Raoul-Rochette, *Monuments inédits*, page 227, pl. XLII A.
2. Mongez, *Iconographie romaine*, pl. XXXIX, n° 1.
3. Lessing, *De la manière de représenter la mort*, page 50, pl. VI.
4. Ibid., page 44, pl. V.
5. Wieseler, II, pl. LIII, n° 669.

ou sur un cheval marin, par allusion au voyage des âmes vers les îles heureuses, au delà du fleuve Océan [1]. Scopas avait représenté le cortége des Divinités marines conduisant l'âme d'Achille vers l'île blanche; sur plusieurs bas-reliefs conçus d'après cette donnée, notamment sur le beau sarcophage des Néréides [2], le dernier voyage est représenté par des enfants ailés se jouant au milieu des Tritons, des Ichthyocentaures et de tous les Démons de la mer.

Ces allégories mystiques de la vie et de la mort se reproduisent sous mille formes sur les sarcophages, et quelquefois le même monument présente une double expression de la même idée. Un sarcophage du Capi-

LE SOMMEIL DU DÉSIR.

tole [3] nous montre la descente et l'ascension de l'âme à travers un double symbole, celui d'Éros et de Psychè et celui de Promètheus, créateur et type idéal de l'humanité. Au milieu du bas-relief, près de la Terre féconde, qui lui fournit les éléments de sa création, Promètheus modèle les hommes, et Athènè les anime en leur posant sur la tête le papillon symbolique. Au-dessus, Clotho file la destinée humaine, Lachésis la règle d'après les mouvements des astres. De la sphère lumineuse où roule, au delà de l'Océan, le char de l'Aurore, l'âme est descendue sur

1. Villa Albani, LIII, Bouillon, III, bas-reliefs, n° 14. Clarac, pl. 187.
2. Bouillon, I, bas-reliefs, III, bas-reliefs, n°ˢ 7, 10, 11. Armellini, *Sculture de Campidoglio*, tav. 379, 380.
3. Guigniaut, pl. CLVIII, n° 603. Wieseler, II, pl. LXVI, n° 341.

la terre à l'appel du Désir : Éros tient Psychè embrassée, et, dans la caverne du monde sublunaire, Héphaistos forge les chaînes de Prométheus, emblème de la prison du corps. Les ancêtres de la race humaine, Deucalion, fils de Prométheus, et son épouse Pyrrha, ferment ce côté du tableau. L'autre côté en est la contre-partie. Éros, confondu avec Thanatos, renverse son flambeau éteint sur un cadavre et tient une couronne funéraire où se pose un papillon. Atropos ferme le livre de la destinée, et on voit, enveloppée d'un voile, se dresser la grande Nuit. Dans le ciel monte le char de la Lune, et Hermès, conducteur des âmes, emporte Psychè loin de la Terre, qu'il laisse sous ses pieds. Bientôt, par l'effort des vertus héroïques, Prométheus va être délivré de ses chaînes, car déjà Héraklès perce de ses flèches l'aigle qui lui rongeait le cœur. Derrière le héros on aperçoit Atlas et le dragon des Hespérides, allusion au jardin céleste, où il va cueillir les pommes d'or.

Quelques antiquaires ont cru voir dans ce monument un mélange des traditions grecques avec la mythologie hébraïque; les figures de Deucalion et Pyrrha pourraient être prises pour Adam et Ève, et alors on aurait de l'autre côté, au lieu d'Atlas et du dragon des Hespérides, le Serpent d'Éden et le Tentateur. Sans admettre cette opinion, on peut reconnaître qu'une pareille confusion de symboles religieux n'est pas sans exemple dans les monuments de la dernière époque de l'art. Ainsi le groupe d'Éros et Psychè se trouve quelquefois sur les tombeaux chrétiens dans les catacombes de Rome. La philosophie alexandrine avait fait pénétrer dans tous les esprits cette allégorie du Désir céleste qui ramène les âmes vers les hauteurs. On le voit par les termes dans lesquels Proklos, le dernier des philosophes grecs, célèbre dans l'hymne à Aphroditè les Dieux ailés, les immortels Désirs. Leur double fonction est clairement indiquée par le poëte mystique, qui nous montre d'un côté ceux qui, « ministres des volontés paternelles et d'une bienveillante providence, pour multiplier la vie dans l'univers, inspirent aux âmes le désir de naître sur la terre », tandis que d'autres « percent les âmes des flèches de l'Idéal, afin que, poussées par l'aiguillon du retour, elles aspirent à revoir les demeures splendides de leur mère ».

Ainsi le Polythéisme à son déclin, et le Christianisme à son aurore, se rencontraient dans une pensée commune, le dégoût de la terre et l'aspiration vers l'éternel silence. L'art moderne, peut-être sans en avoir conscience, a repris toute cette mythologie au point où l'avait laissée l'antiquité, en représentant sous la même forme, ainsi que nous le remarquions en commençant, les Amours sur la terre et les Anges dans le ciel. La légende de Psychè a inspiré à Raphaël un ensemble de chefs-d'œu-

LA DESCENTE ET L'ASCENSION DE L'ÂME. (Sarcophage.)

vre, la décoration de la Farnésine. Mais, dans cette suite de fresques, et surtout dans une autre série de compositions sur le même sujet qui figure dans l'œuvre de Raphaël, quoiqu'elle lui soit sérieusement contestée, l'union d'Éros sous les traits d'un enfant avec Psyché qui garde les formes d'une femme offre une disproportion aussi choquante pour le goût que pour la morale et que la chasteté de l'art grec avait toujours évitée. D'ailleurs, dans toutes les œuvres où l'art moderne emprunte ses motifs à la religion des anciens, il s'arrête à l'enveloppe des symboles. La science cherche à en pénétrer le sens intime, et toutes les fois qu'elle y parvient, on doit reconnaître que cette religion morte, à laquelle chaque génération a jeté en passant sa part d'injures, avait su, même aux jours de sa vieillesse et de sa décadence, revêtir de formes inimitables des conceptions d'une haute moralité et d'une mystérieuse profondeur.

LOUIS MÉNARD,
Docteur ès lettres.

LA GAZETTE DES BEAUX-ARTS

COURRIER EUROPÉEN DE L'ART ET DE LA CURIOSITÉ

Paraît une fois par mois. Chaque numéro est composé d'au moins 84 pages in-8°, sur papier grand aigle; il est en outre enrichi d'eaux-fortes tirées à part et de gravures imprimées dans le texte, reproduisant les objets d'art qui y sont décrits, tels que tableaux, sculptures, eaux-fortes, dessins de maîtres, monuments d'architecture, nielles, médailles, vases grecs, ivoires, émaux, armes anciennes, pièces d'orfévrerie, riches reliures, objets de haute curiosité.

Les 12 livraisons de l'année forment 2 beaux et forts volumes de plus de 500 pages chacun.

Paris.	Un an, 40 fr.; six mois, 20 fr.; trois mois, 10 fr.
Départements. . . .	— 44 fr.; — 22 fr.; — 11 fr.
	Étranger : le port en sus.

Les souscripteurs qui au montant de leur abonnement pour l'année 1872 joindront la somme de quatre-vingts francs recevront les volumes parus depuis le 1ᵉʳ janvier 1869, époque à laquelle a commencé la seconde série de la GAZETTE DES BEAUX-ARTS. Ils s'assureront de cette façon la collection complète de la deuxième période.

Les abonnés à une année entière reçoivent :

LA CHRONIQUE DES ARTS
ET DE LA CURIOSITÉ

Journal hebdomadaire pendant la saison des ventes et bi-mensuel pendant l'été, publié dans le même format que la *Gazette des Beaux-Arts*, de manière à former, à la fin de l'année, un volume plein de renseignements curieux sur le mouvement des arts.

Ce journal donne avis et rend compte des ventes publiques, recueille les nouvelles des Ateliers, des Académies, des Musées et des Galeries particulières, annonce les Concours et les Expositions, les monuments qui sont en projet, les livres qui paraissent, les peintures et les statues commandées ou exposées, les gravures mises en vente...

L'ART POUR TOUS

En joignant 30 fr. au prix de l'abonnement et en prenant l'engagement de payer 30 fr. le 1ᵉʳ avril, 30 fr. le 1ᵉʳ juillet et 30 fr. le 1ᵉʳ octobre, nos abonnés pourront faire retirer à la *GAZETTE* la **COLLECTION COMPLÈTE DE L'ART POUR TOUS**, du 15 janvier 1861 au 1ᵉʳ janvier 1870. Ils posséderont ainsi pour 120 fr. huit volumes magnifiques contenant plus de 2,500 gravures et dont le prix de librairie est de 212 fr.

ON S'ABONNE

CHEZ LES PRINCIPAUX LIBRAIRES DE LA FRANCE ET DE L'ÉTRANGER

ou en envoyant *franco* un bon sur la poste

au Directeur de la GAZETTE DES BEAUX-ARTS

55, RUE VIVIENNE, 55

PARIS. — J. CLAYE, IMPRIMEUR, 7, RUE SAINT-BENOIT. — [2121]

www.ingramcontent.com/pod-product-compliance
Lightning Source LLC
Chambersburg PA
CBHW070529050426
42451CB00013B/2920